El bebé Jesús nació

Lucas 2:1-20 para niños

Escrito por Gloria A. Truitt
Versión castellana de Mercedes Cecilia Fau
Ilustrado por Kathy Mitter

En la tierra de Galilea,
en la ciudad de Nazaret,
encontramos a María
desposada con José.

María estaba encinta,
tenía el *favor de Dios*,
pues como madre de su Hijo
nuestro Dios la escogió.

Y se le ocurrió a César
a la gente empadronar,
cada uno a su ciudad
debía de retornar.

Había que obedecer
la voz del emperador.
El largo y lento camino
mucho tiempo les llevó.

Llegaron por fin a Belén,
una pequeña ciudad,
abarrotada de gente,
como era de esperar.

José preguntó a un mesonero:
–¿Tiene lugar para dos?
–No– le respondió el hombre.
–Y ahora ¿qué puedo hacer yo?

–Lo siento– dijo el dueño,
–no hay lugar en mi hospedaje,
sólo me queda el establo
¿quieren descansar del viaje?

María acostó a Jesús,
ahí mismo en el pesebre,
para que hasta el día de hoy
todo cristiano celebre.

El bebé fue el Rey prometido,
el Hijo de Dios bendito,
entonces lo llamaron Jesús,
como Dios les había dicho.

En unos prados cercanos
había algunos pastores
que cuidaban sus rebaños
sin pensar en más temores.

Y fue que gran luz los rodeó,
dejándolos temerosos
mas un ángel los calmó:
–No teman, son buenas nuevas de gozo.

–Será para todo el pueblo
la bendición de este día.
¡Vayan corriendo a verlo
que es tiempo de alegrías!

–Encontrarán al bebé
envuelto en pañales,
acostado en un pesebre,
al lado de su madre.

Y muchos, muchos ángeles
en el cielo aparecieron.
–"¡Gloria a Dios en las alturas!"–
alababan todos ellos.

Dentro de su humilde cuna,
como se había anunciado,
encontraron a Jesús
en el pesebre prestado.

Se arrodillaron ante él
e hicieron correr la voz,
contándole a todo el mundo
la buena nueva de Dios.

Queridos padres,

Tómense un momento durante este ocupado tiempo de Navidad para adorar, junto a su hijo, al niño Jesús, nacido para ser el Salvador de ustedes. Después de leer la historia, represéntenla, usando las figuras del Nacimiento de su hogar. Entonen algún villancico navideño de su preferencia. Asegúrenle a su hijo del gran amor de Dios, un amor tan grande que lo motivó a cambiar su trono celestial por una cuna de paja y una cruz.

Léanle a su hijo nuevamente la última página, y explíquenle que los pastores no se guardaron la buena noticia del nacimiento de Jesús para ellos mismos. Invite a amigos o vecinos a su hogar para hacer una devoción navideña. Compartan con los que están alrededor de ustedes el mensaje de que Jesús, Dios encarnado, nació para traer a este mundo perdón y vida eterna.

El editor